素质教育全能丛书

XUE QIAN XUE SUAN SHU

基础篇

学前学算术

内蒙古少年儿童出版社

责任编辑:王 沛 非 凡

设 计:百 胜

素 质 教 育 全 能 丛 书

学前学算术 · 基础篇

王 沛 非 凡 编 著

内蒙古少年儿童出版社出版

(通辽市霍林河大街 24 号)

内蒙古新华书店发行 各地新华书店经销

开本:787×1092 毫米 1/16 印张:5 字数:144 千字

2007 年 9 月第一版 2007 年 9 月第一次印刷

印数:1-5000 册(套)

ISBN 7-5312-1312-5/G · 544

全套定价:64 元(本册定价:8.00 元)

 目 录

★ 认识数字 1 ……………………………………………………………… 1

★ 认识 1 和许多 …………………………………………………………… 2

★ 认识数字 2 ……………………………………………………………… 3

★ 认识数字 3 ……………………………………………………………… 4

★ 认识数字 4 ……………………………………………………………… 5

★ 认识数字 5 ……………………………………………………………… 6

★ 认识数字 6 ……………………………………………………………… 7

★ 认识数字 7 ……………………………………………………………… 8

★ 认识数字 8 ……………………………………………………………… 9

★ 认识数字 9 …………………………………………………………… 10

★ 认识数字 10 ………………………………………………………… 11

★ 认识数字 0 …………………………………………………………… 12

★ 练习 10 以内的数 …………………………………………………… 13

★ 认识各种图形 ……………………………………………………… 17

目 录

★认识方位 ……………………………………………………………………… 18

★认识量词 ……………………………………………………………………… 19

★比较多和少 …………………………………………………………………… 20

★认识">"、"<"和"=" ……………………………………………………… 21

★认识加法和减法(一) ……………………………………………………… 22

★认识加法和减法(二) ……………………………………………………… 23

★学习 10 以内数的加法 ……………………………………………………… 24

读一读 ………………………………………………………………………… 24

写一写 ………………………………………………………………………… 26

算一算 ………………………………………………………………………… 28

★学习 10 以内数的减法 ……………………………………………………… 31

读一读 ………………………………………………………………………… 31

写一写 ………………………………………………………………………… 33

算一算 ………………………………………………………………………… 35

综合练习 ……………………………………………………………………… 38

20 以内数的加减法 ………………………………………………………… 41

练习 20-100 以内的数 ……………………………………………………… 53

50 以内数的加减法 ………………………………………………………… 69

目录

认识数字 1

★ 学会认识数字 1。

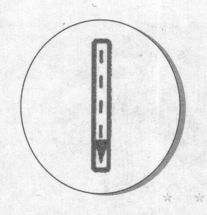

1像铅笔细又长

1个苹果

1棵树

基础篇

一头猪、一只鸭子、一只松鼠
都可以用数字"1"来表示。

提示:让幼儿认识和书写数字"1",了解"1"所表示的意义。

认识 1 和许多

1只老鼠

许多小鸟

许多蘑菇

许多老鼠

1只小鸟

1棵蘑菇

提示:引导幼儿分清 1 个物体和许多个物体,学会正确运用"一个"、"许多个"这两个词。

认识数字2

★ 学会认识数字2。

2像鸭子水中游

2颗草莓

2颗糖果

☆ ★ ☆ ★ ☆ ★ ☆ ★ ☆ ★ ☆ ★ ☆ ★ ☆ ★ ☆ ★ ☆ ★

1加上1就是2；2可以分成1和1。

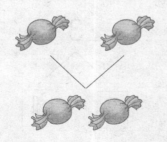

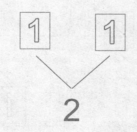

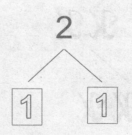

提示：引导幼儿认识和书写数字2，知道2的组成，了解2所表示的意义。

3

认识数字 3

★ 学会认识数字 2。

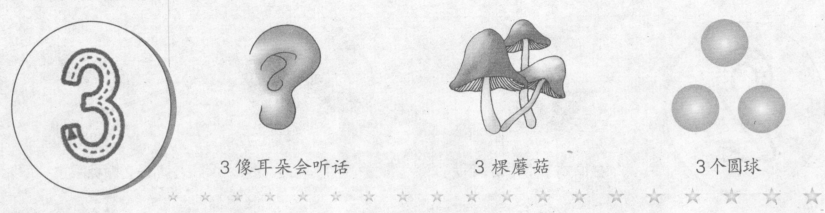

3 像耳朵会听话　　　　3 棵蘑菇　　　　3 个圆球

1 加上 2 就是 3；3 可以分成 1 和 2；还可分成 2 和 1。

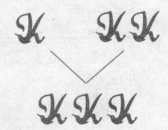

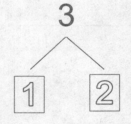

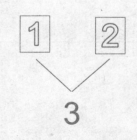

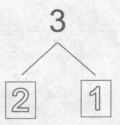

提示：认识和书写数字"3"，知道 3 的组成，了解 3 所表示的意义。

认识数字 4

★ 学会认识数字 4。

4 只鸭子　　　　　　　　　4 只老鼠

2 加上 2 就是 4 ; 4 可以分成 1 和 3 ; 还可分成 2 和 2。

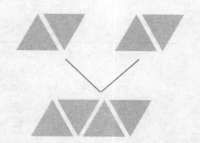

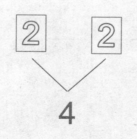

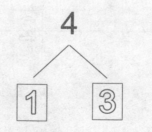

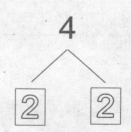

提示:引导幼儿认识和书写数字"4",知道 4 的组成,并了解 4 所表示的意义。

认识数字 5

★ 学会认识数字 5。

5 个太阳

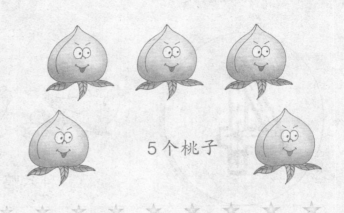

5 个桃子

2 加上 3 就是 5；5 可以分成 1 和 4；还可分成 3 和 2。

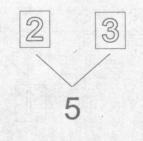

2 3

5

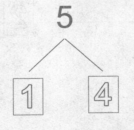

5

1 4

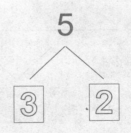

5

3 2

提示：引导幼儿认识和书写数字"5"，知道 5 的组成，并了解 5 所表示的意义。

认识数字 6

★ 学会认识数字6。

6只蝴蝶　　　　　6只蜘蛛

1加上5就是6；2加上4也是6；6可以分成3和3；还可分成4和2。

提示：引导幼儿认识和书写数字"6"，知道6的组成，并了解6所表示的意义。

认识数字 7

★ 学会认识数字7。

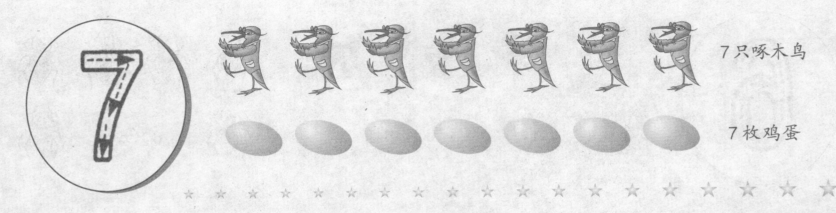

7只啄木鸟

7枚鸡蛋

1加上6就是7;2加上5也是7;7可以分成4和3;7可以分成5和2;还可分成6和1。

基础篇

1	6
7

2	5
7

7
| 4 | 3 |

7
| 5 | 2 |

7
| 6 | 1 |

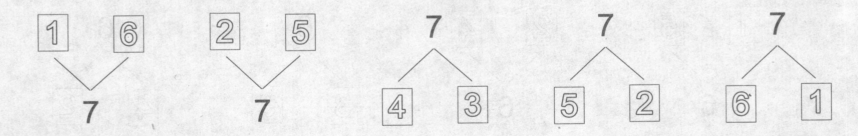

提示:引导幼儿认识和书写数字"7",知道7的组成,并了解7所表示的意义。

认识数字 8

★ 学会认识数字 8。

8 只老鼠

8 头小猪

1 加上 7 就是 8;2 加上 6 也是 8;8 可以分成 4 和 4;8 可以分成 5 和 3;还可分成 6 和 2。

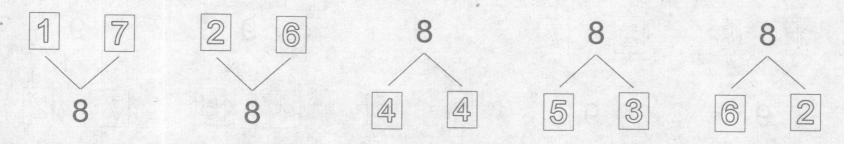

提示:引导幼儿认识和书写数字"8",知道 8 的组成,并了解 8 所表示的意义。

认识数字9

★ 学会认识数字9。

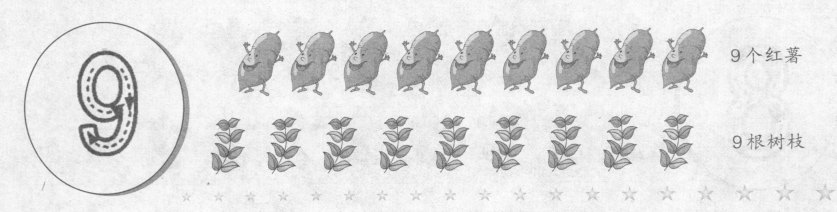

9个红薯

9根树枝

1加上8就是9;2加上7也是9;9可以分成3和6;9可以分成4和5;还可分成7和2。

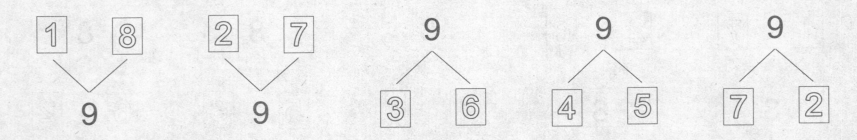

提示:引导幼儿认识和书写数字"9",知道9的组成,并了解9所表示的意义。

认识数字 10

★ 学会认识数字 10。

10 个梨子
甜又甜

基础篇

1 加上 9 就是 10；2 加上 8 也是 10；10 可以分成 5 和 5；10 可以分成 6 和 4；还可分成 3 和 7。

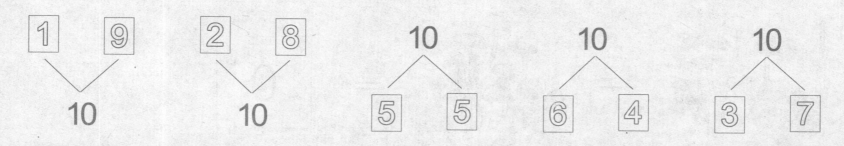

提示：引导幼儿认识和书写数字"10"，知道 10 的组成，并了解 10 所表示的意义。

认识数字 0

★ 学会认识数字 0。

0像一个大鸡蛋

基础篇

草地上有许多蘑菇,小芳把它们全部采完了,就一个也没有了,用"0"表示。

$$- = \boxed{0}$$

提示:引导幼儿认识"0",和书写 0,了解 0 所表示的意义。

练习 10 以内的数

基础篇

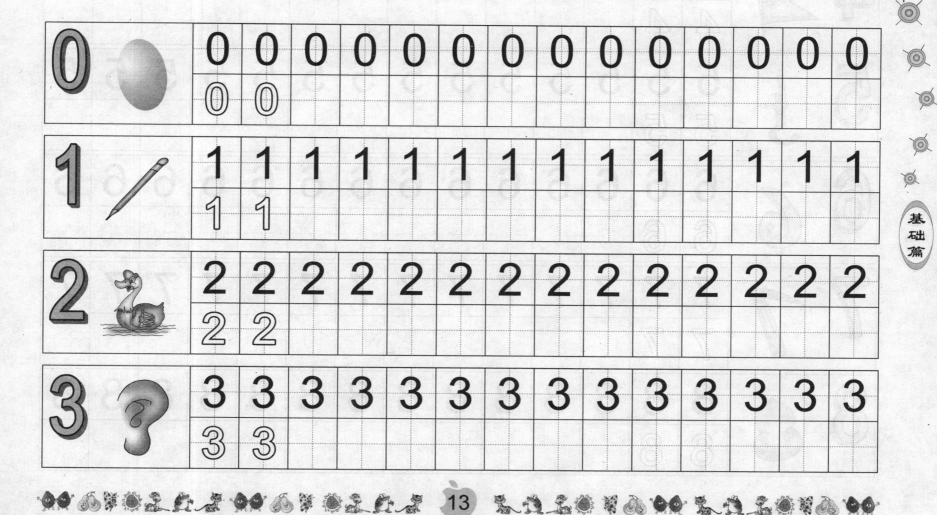

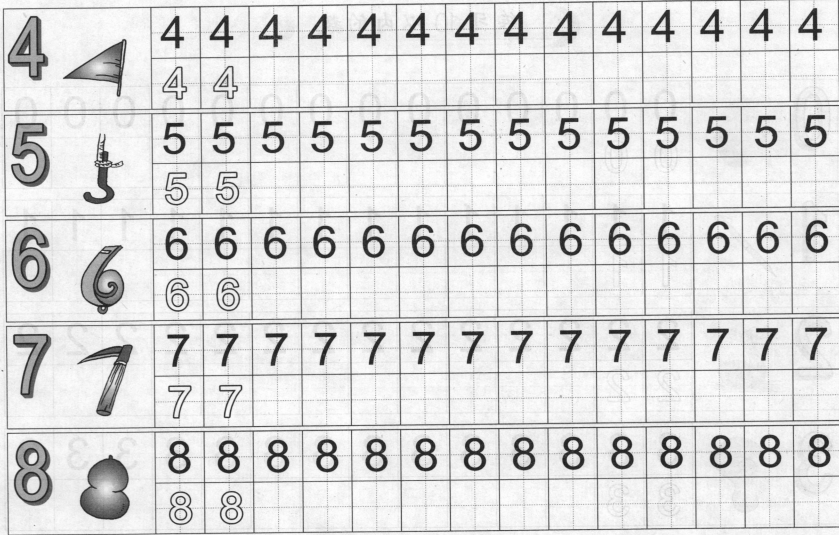

		4	4	4	4	4	4	4	4	4	4	4	4	4	4
4		4	4												
5		5	5	5	5	5	5	5	5	5	5	5	5	5	5
		5	5												
6		6	6	6	6	6	6	6	6	6	6	6	6	6	6
		6	6												
7		7	7	7	7	7	7	7	7	7	7	7	7	7	7
		7	7												
8		8	8	8	8	8	8	8	8	8	8	8	8	8	8
		8	8												

基础篇

9		9	9	9	9	9	9	9	9	9	9	9	9	9
		9	9											
10		10	10	10	10	10	10	10	10	10	10	10	10	10
		10	10											

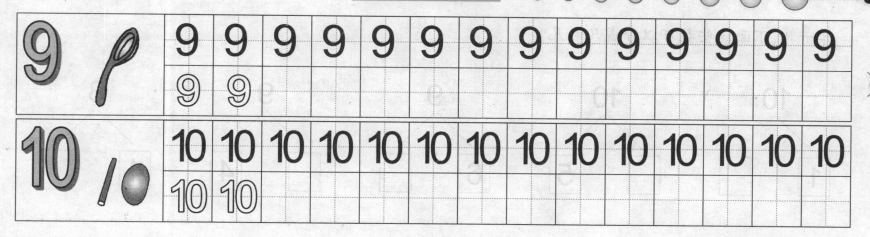

看图数一数, 想想(　)里应该填几?

( )

( )

( )

( )

( )

基础篇

算一算,下面这些数可以分成几和几?

10
1 □

10
□ 5

9
6 □

9
□ 4

8
4 □

8
2 □

8
□ 5

7
4 □

7
□ 3

7
2 □

6
□ 3

6
□ 2

5
4 □

5
□ 3

3
□ 1

认识各种图形

zhèng fāng xíng
正 方 形

cháng fāng xíng
长 方 形

sān jiǎo xíng
三 角 形

shàn xíng
扇 形

tī xíng
梯 形

★ 跟着老师学画画：

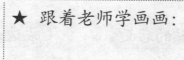

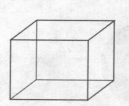
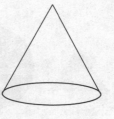

yuán xíng
圆 形

tuǒ yuán xíng
椭 圆 形

提示：引导幼儿熟练地掌握各种图形的名称及特征，了解这些图形的不同作用，发展幼儿的想象力与创造力。

基础篇

认识方位

基础篇

女孩在花的上面

猫在女孩的后面

左边是男孩,右边是女孩

树在房子外面

▲ 在圆的左边　　★ 在圆的右边

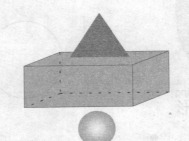

▲ 在盒子的上面

● 在盒子的下面

提示:引导幼儿认识上下,前后,左右,里外等方位词,培养幼儿正确辨别这些方位的能力,并让他们理解每组方位词的相对性。

认识量词

一个女孩

一袋牛奶

一块蛋糕

一碗汤圆

一匹马

一头牛

一个棒棒糖

一个苹果

一片树叶

提示:要求幼儿知道常用量词,培养幼儿正确运用数学语言的能力,为解答应用题做准备。

比较多和少

比一比,上面的圆多还是下面的圆多?

( )比( )多,5比7少

数一数,上面的三角形多还是下面的多?

( )比( )少,8比5多

在下面加上几只狐狸,才可以和上面的一样多?

还要加( )只狐狸
才能与上面的只数相同

比一比,上面的五角星多还是下面的多,多多少?

提示:引导幼儿根据物体的多少对数的大小进行正确判断,通过对物体多少的比较,培养幼儿学习的兴趣。

认识">"、"<"和"="

★ ">"大于号,读作大于,表示左边比右边大。

     >

5个柿子,4个橘子,5比4大　　　5 > 4

★ "<"小于号,读作小于,表示左边比右边小。

   <

3只小鹿,6只蝴蝶,3比6小　　　3 < 6

★ "="等于号,读作等于,表示左边与右边大小相同。

   =

提示:引导幼儿认识大于号、小于号和等于号,并会应用,会读不等式,并理解大小的相对性。

基础篇

认识加法和减法（一）

学会简单的加减法。

1只猴子　　　　　2只猴子　　　　　　3只猴子

$$1 + 2 = 3$$

加数　加号　加数　等号　和

5只小花猫　　　　　4只小花猫　　　　　1只小花猫

$$5 - 4 = 1$$

被减数　减号　减数　等号　差

提示：认识加法和减法中每个部分的名称及其所代表的意义。

认识加法和减法(二)

  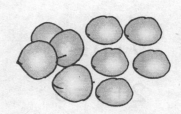

| 桌上有 5 个核桃 | → | 又买来了 4 个 | → | 桌上共有 9 个核桃 |

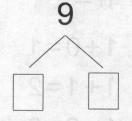

5 + 4 = 9

****

| 草地上有 2 个蘑菇 | → | 又长出 5 个 | → | 草地上共有 7 个蘑菇 |

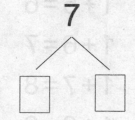

2 + 5 = 7

基础篇

学习 10 以内数的加法

★ **读一读**

$1+0=1$	$2+0=2$	$3+0=3$	$4+0=4$
$1+1=2$	$2+1=3$	$3+1=4$	$4+1=5$
$1+2=3$	$2+2=4$	$3+2=5$	$4+2=6$
$1+3=4$	$2+3=5$	$3+3=6$	$4+3=7$
$1+4=5$	$2+4=6$	$3+4=7$	$4+4=8$
$1+5=6$	$2+5=7$	$3+5=8$	$4+5=9$
$1+6=7$	$2+6=8$	$3+6=9$	$4+6=10$
$1+7=8$	$2+7=9$	$3+7=10$	
$1+8=9$	$2+8=10$		
$1+9=10$			

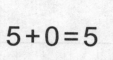

5+0=5　　6+0=6　　7+0=7　　8+0=8　　9+0=9

5+1=6　　6+1=7　　7+1=8　　8+1=9　　9+1=10

5+2=7　　6+2=8　　7+2=9　　8+2=10

5+3=8　　6+3=9　　7+3=10

5+4=9　　6+4=10

5+5=10

基础篇

3+7=（　　）　　6+4=（　　）　　5+5=（　　）

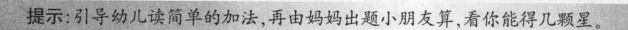

提示:引导幼儿读简单的加法,再由妈妈出题小朋友算,看你能得几颗星。

25

★ 写一写

基础篇

5 + 3 =				5 + 3 =				
8 + 1 =				8 + 1 =				
2 + 7 =				2 + 7 =				
1 + 7 =				1 + 7 =				
6 + 2 =				6 + 2 =				
1 + 8 =				1 + 8 =				
2 + 5 =				2 + 5 =				
2 + 7 =				2 + 7 =				
2 + 2 =				2 + 2 =				
5 + 4 =				5 + 4 =				
8 + 1 =				8 + 1 =				
5 + 5 =				5 + 5 =				
6 + 4 =				6 + 4 =				
6 + 3 =				6 + 3 =				

7	+	3	=			7	+	3	=									
4	+	2	=			4	+	2	=									
3	+	6	=			3	+	6	=									
5	+	2	=			5	+	2	=									
9	+	1	=			9	+	1	=									
4	+	4	=			4	+	4	=									
3	+	4	=			3	+	4	=									
7	+	2	=			7	+	2	=									
2	+	9	=			2	+	9	=									
1	+	8	=			1	+	8	=									
6	+	2	=			6	+	2	=									
3	+	5	=			3	+	5	=									
2	+	7	=			2	+	7	=									
3	+	1	=			3	+	1	=									
2	+	2	=			2	+	2	=									

基础篇

★ 算一算

2+5=	1+9=	1+8=	0+5=
6+2=	4+4=	4+2=	9+1=
0+9=	1+7=	4+3=	7+2=
2+4=	5+2=	4+6=	0+8=
2+9=	2+6=	0+1=	4+5=
3+7=	8+2=	3+6=	2+3=
6+3=	4+1=	5+2=	1+6=
3+2=	0+4=	2+5=	3+4=
2+1=	5+3=	6+4=	2+0=
0+6=	6+0=	7+0=	1+5=
3+5=	2+2=	1+3=	1+1=
3+2=	3+3=	5+1=	2+7=

基础篇

基础篇

5＋2＝	2＋1＝	4＋2＝	3＋2＝
7＋3＝	9＋1＝	2＋3＝	4＋6＝
6＋4＝	0＋8＝	4＋1＝	2＋6＝
2＋7＝	3＋3＝	0＋1＝	2＋5＝
1＋6＝	0＋7＝	2＋8＝	3＋6＝
6＋2＝	5＋5＝	3＋7＝	3＋2＝
4＋5＝	4＋6＝	1＋5＝	5＋0＝
4＋4＝	2＋2＝	3＋0＝	1＋9＝
5＋3＝	8＋2＝	5＋0＝	8＋1＝
6＋3＝	7＋2＝	1＋2＝	2＋4＝
4＋2＝	3＋5＝	1＋1＝	2＋0＝
0＋7＝	3＋4＝	0＋1＝	3＋7＝
4＋3＝	5＋2＝	5＋4＝	0＋3＝

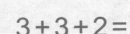

3＋3＋2＝	4＋2＋4＝	1＋1＋1＝
5＋1＋2＝	4＋3＋2＝	0＋9＋0＝
8＋1＋1＝	1＋1＋6＝	3＋1＋6＝
3＋6＋1＝	2＋2＋3＝	8＋0＋2＝
3＋7＋0＝	5＋5＋0＝	7＋3＋0＝
2＋2＋4＝	1＋6＋3＝	5＋2＋3＝
5＋1＋2＝	3＋4＋5＝	5＋1＋4＝
6＋2＋1＝	5＋2＋2＝	7＋2＋1＝
4＋3＋3＝	1＋2＋5＝	3＋3＋4＝
5＋2＋2＝	3＋4＋3＝	8＋2＋0＝
3＋3＋3＝	2＋2＋2＝	2＋5＋3＝
6＋0＋2＝	2＋4＋4＝	8＋1＋0＝
3＋5＋1＝	5＋4＋1＝	2＋5＋3＝

学习 10 以内数的减法

★ 读一读

10 - 1 = 9	9 - 1 = 9	8 - 1 = 7	7 - 1 = 6
10 - 2 = 8	9 - 2 = 8	8 - 2 = 6	7 - 2 = 5
10 - 3 = 7	9 - 3 = 7	8 - 3 = 5	7 - 3 = 4
10 - 4 = 6	9 - 4 = 6	8 - 4 = 4	7 - 4 = 3
10 - 5 = 5	9 - 5 = 5	8 - 5 = 3	7 - 5 = 2
10 - 6 = 4	9 - 6 = 4	8 - 6 = 2	7 - 6 = 1
10 - 7 = 3	9 - 7 = 3	8 - 7 = 1	7 - 7 = 0
10 - 8 = 2	9 - 8 = 2	8 - 8 = 0	
10 - 9 = 1	9 - 9 = 0		
10 - 10 = 0			

基础篇

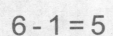

6 - 1 = 5   5 - 1 = 6   4 - 1 = 3   3 - 1 = 2   2 - 1 = 1

6 - 2 = 4   5 - 2 = 7   4 - 2 = 2   3 - 2 = 1   2 - 2 = 0

6 - 3 = 3   5 - 3 = 8   4 - 3 = 1   3 - 3 = 0

6 - 4 = 2   5 - 4 = 9   4 - 4 = 0

6 - 5 = 1   5 - 5 = 0

6 - 6 = 0

基础篇

5 - 4 = (　　)   10 - 7 = (　　)   6 - 3 = (　　)

提示：引导幼儿读简单的减法，再由妈妈出题小朋友算，看你能得几颗星。

★ 写一写

7 - 2 =				7 - 2 =									
8 - 1 =				8 - 1 =									
9 - 5 =				9 - 5 =									
6 - 3 =				6 - 3 =									
8 - 4 =				8 - 4 =									
9 - 1 =				9 - 1 =									
7 - 5 =				7 - 5 =									
6 - 4 =				6 - 4 =									
5 - 2 =				5 - 2 =									
7 - 1 =				7 - 1 =									
8 - 5 =				8 - 5 =									
9 - 0 =				9 - 0 =									
1 - 1 =				1 - 1 =									
3 - 2 =				3 - 2 =									

基础篇

8 - 2 =				8 - 2 =								
7 - 4 =				7 - 4 =								
5 - 3 =				5 - 3 =								
7 - 6 =				7 - 6 =								
8 - 3 =				8 - 3 =								
5 - 1 =				5 - 1 =								
9 - 4 =				9 - 4 =								
8 - 6 =				8 - 6 =								
7 - 3 =				7 - 3 =								
9 - 3 =				9 - 3 =								
8 - 0 =				8 - 0 =								
4 - 3 =				4 - 3 =								
8 - 7 =				8 - 7 =								
7 - 7 =				7 - 7 =								
9 - 2 =				9 - 2 =								

基础篇

★ 算一算

8-3=	5-1=	1-0=	5-4=
9-1=	8-0=	5-0=	8-5=
5-3=	9-5=	7-6=	5-1=
8-7=	8-4=	8-1=	9-0=
9-4=	8-5=	4-3=	6-2=
2-1=	6-1=	2-0=	7-1=
7-2=	9-4=	9-3=	3-3=
8-3=	5-4=	3-2=	4-0=
7-4=	2-2=	5-0=	5-5=
5-2=	5-5=	8-3=	7-0=
9-6=	7-2=	1-1=	9-4=
8-3=	8-1=	3-0=	5-2=

基础篇

基础篇

6-1=	6-3=	7-7=	4-1=
2-0=	5-2=	8-0=	9-3=
9-8=	9-8=	5-1=	8-8=
7-3=	8-4=	7-1=	9-7=
5-3=	9-1=	5-0=	6-0=
4-4=	2-1=	5-1=	5-2=
6-4=	7-4=	8-3=	4-2=
8-5=	6-5=	9-6=	9-0=
9-4=	8-1=	4-3=	8-6=
3-2=	3-1=	7-2=	10-1=
5-4=	9-9=	6-3=	10-8=
8-2=	5-3=	3-1=	10-7=
7-5=	1-1=	9-5=	10-2=

基础篇

8-1-1=	5-2-3=	6-1-3=
7-0-2=	7-3-2=	7-4-2=
5-3-1=	6-1-5=	2-0-1=
4-2-2=	9-2-6=	7-2-3=
6-3-1=	4-4-0=	8-2-2=
9-5-1=	9-2-3=	9-6-1=
7-1-6=	5-1-2=	6-0-5=
7-5-1=	9-5-2=	7-1-4=
6-5-0=	7-5-2=	9-3-3=
3-1-1=	10-3-5=	8-4-1=
8-4-2=	10-6-3=	7-2-1=
9-4-2=	10-2-7=	10-1-9=
8-4-4=	10-5-4=	10-5-3=

★ 综合练习

4 - 2 =

1 + 8 =

8 - 5 =

9 + 1 =

5 - 1 =

8 - 7 =

4 + 2 =

3 - 2 =

3 - 1 =

1 + 5 =

4 + 1 =

0 + 1 =

8 - 1 =

9 - 5 =

6 - 2 =

8 - 4 =

1 + 8 =

4 + 2 =

9 - 1 =

7 - 5 =

6 - 4 =

8 - 2 =

3 + 7 =

2 - 1 =

4 + 3 =

5 - 5 =

4 + 6 =

0 + 1 =

3 + 6 =

7 - 1 =

3 - 3 =

9 - 4 =

5 - 2 =

5 + 2 =

2 + 5 =

0 + 1 =

9 - 6 =

5 + 2 =

8 + 0 =

4 - 3 =

7 - 2 =

2 + 3 =

4 + 1 =

6 - 3 =

4 + 0 =

4 - 1 =

3 + 5 =

3 + 4 =

7-2+3＝

10-4-4＝

7-2-3＝

8-5+1＝

5-2-3＝

6-2-4＝

7-2+4＝

5-2+3＝

4-2-2＝

9-8+1＝

8-5+2＝

8-2-2＝

5-1-3＝

8-4-3＝

9-4+1＝

4-2+5＝

1-0+5＝

5-5+5＝

7-1-3＝

8-7+2＝

10-8+2＝

9-3-3＝

8-7+4＝

9-2-5＝

10-5+4＝

5-4-0＝

6+3+1＝

5+1-3＝

7-3+3＝

8-7+9＝

6-5-0＝

3-2+4＝

5-2-2＝

5+5-2＝

4-2+8＝

8-2-6＝

5-4+4＝

3-1-1＝

7-2-5＝

基础篇

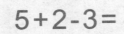

基础篇

5+2-3=	3+3-5=	6-2+1=
9-4+3=	8-7+2=	8-3+5=
5+2-7=	1+5-3=	4+2-5=
6+2-5=	9-6+1=	3-1+4=
7-2+2=	8-0+2=	5+2-6=
6+4-9=	7-6+3=	1+5-2=
9-4+2=	2+5-4=	4-2+8=
1+5+3=	4-3+7=	8+1-6=
7-2+3=	5-3+7=	5-4+1=
4+2-4=	5+4-8=	3-1-2=
7-2+5=	4-4+5=	7+2-5=
3-3+3=	6-3+2=	9-4-3=
2+7+1=	9-1-8=	3+6-2=

20以内数的加减法

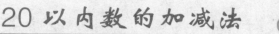

5+4=	5-3=	5+5=	5-0=
3+6=	8-7=	4+2=	6-2=
3+4=	9-4=	3+3=	8-3=
5+3=	2-1=	4+7=	9-6=
3+2=	7-2=	8+1=	4-3=
6+4=	8-3=	0+3=	7-2=
7+2=	7-4=	6+0=	6-3=
8+1=	5-2=	2+8=	3-1=
3+7=	9-6=	5+4=	9-5=
2+7=	8-3=	3+1=	4-1=
4+1=	6-6=	6+2=	9-1=

基础篇

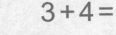

基础篇

3+4=	3+1=	2+4=	6+3=
1+8=	6+0=	2+0=	2+5=
4+2=	1+7=	3+7=	6-3=
2+3=	8-1=	0+3=	4+0=
4+1=	9-5=	7-2=	4-1=
0+1=	6-2=	8-1=	8+0=
5+2=	1+8=	9-5=	4-3=
8+0=	4+2=	6-3=	7-2=
4+0=	6-4=	8-4=	2+3=
2+8=	8-2=	9-1=	4+1=
3+7=	9+7=	7-5=	3+5=
1+5=	2-1=	5+1=	3+4=
2+2=	6-2=	7+0=	8-4=

5+12=	2+10=	2+10=	11+3=
16+3=	9+10=	9+10=	3+15=
13+5=	3+11=	3+11=	11+8=
14+4=	5+14=	5+14=	15+5=
3+12=	8+10=	8+10=	14+1=
14+1=	7+11=	7+11=	13+2=
14+3=	17 +1=	11+2=	17+2=
16+2=	11+2=	12+3=	5+15=
12+5=	14+5=	14+4=	13+7=
6+10=	12+7=	2+12=	7+10=
2+12=	4+12=	13+5=	12+6=
2+18=	18+1=	19+1=	4+16=
8+11=	11+2=	14+2=	9+11=

基础篇

19+1=	14+1=	1+19=	14-4=
15+5=	13+3=	2+13=	18-9=
12+5=	14+2=	2+10=	15-7=
11+6=	13+6=	3+15=	12-3=
10+7=	19+1=	3+14=	16-5=
10+9=	16+2=	4+18=	20-6=
12+3=	12+7=	2+17=	17-2=
15+7=	11+9=	2+14=	19-8=
14+5=	14+3=	3+13=	16-7=
13+4=	18+1=	5+12=	13-8=
17+2=	17+3=	5+14=	18-6=
16+3=	12+3=	5+15=	12-8=
15+4=	14+5=	6+13=	13-2=

基础篇

15-1=	18-3=	13-4=	19-8=
17-3=	16-7=	17-6=	14-9=
11-5=	12-9=	13-4=	16-4=
13-6=	19-7=	20-7=	18-3=
16-8=	13-5=	18-9=	15-9=
15-6=	17-6=	13-4=	11-8=
13-2=	20-8=	15-7=	19-6=
20-9=	19-9=	19-7=	11-9=
18-8=	14-8=	17-5=	13-4=
11-3=	12-2=	18-7=	18-5=
15-6=	10-8=	12-9=	16-6=
10-5=	11-9=	13-5=	13-7=
13-2=	15-8=	14-0=	20-8=

基础篇

19+1=	14+1=	1+19=	14-4=
15+5=	13+3=	2+13=	18-9=
12+5=	14+2=	2+10=	15-7=
11+6=	13+6=	3+15=	12-3=
10+7=	19+1=	3+14=	16-5=
10+9=	16+3=	4+18=	20-6=
12+3=	12+7=	2+17=	17-2=
15+7=	11+9=	2+14=	19-8=
14+5=	14+3=	3+13=	16-7=
13+4=	18+1=	5+12=	13-8=
17+2=	17+3=	5+14=	18-6=
16+3=	12+3=	5+15=	12-8=
15+4=	14+5=	6+13=	13-2=

基础篇

$13-5-3=$

$10-2-4=$

$11-6-5=$

$16-4-7=$

$13-2-9=$

$15-6-4=$

$12-7-0=$

$16-11-2=$

$17-12-2=$

$19-10-4=$

$20-13-3=$

$19-10-4=$

$17-11-2=$

$3+3+3=$

$12+2-3=$

$18-5-3=$

$15+5-3=$

$14+4-7=$

$18-8-4=$

$15-4+5=$

$16-4+4=$

$11+2-3=$

$10-6+10=$

$17-4+5=$

$13-6+5=$

$19+1-8=$

$9+0+2=$

$7+4+2=$

$10-5-2=$

$15-4-3=$

$15-3+2=$

$12+3+1=$

$14+2-7=$

$4+1+6=$

$5+3+7=$

$4+2+5=$

$1+8+6=$

$19-0-8=$

$19-7+6=$

基础篇

基础篇

16+4-9=

18-4-5=

10-2+6=

17+2-7=

19-9-3=

13+4-6=

15-4+2=

16-8+5=

10+3-3=

15+5-10=

16-9-5=

4+12-3=

18+1-9=

12-7+5=

13+3-2=

16-8+4=

19-7-3=

18-6+2=

7+11-5=

18-6+1=

19+1-8=

15+3-4=

16+4-10=

14-3-7=

18-3-4=

15+5-3=

19-9-6=

17-10-4=

10+9-3=

4-4+12=

6+14-3=

7+12-8=

7-3+12=

6+13-1=

5+12-7=

9+10-8=

18-5-3=

5+12-6=

16-1+4=

14+4-9=

18+4-4=

15-4+5=

15-2+7=

12+2-8=

11-1+5=

13+3-2=

15-8+7=

15+4+1=

19+1-6=

17+1-9=

19-5-3=

14-7+2=

17-2-5 =

18+1-8=

16+4-9=

18-7+3=

12-2+4 =

7+12-3=

10-5+9=

3+14-6=

15-4+2=

6+12+3=

3+13-3=

5+15-10=

16-3-2=

11+3-8=

17-3+2=

6+13+2=

5+12-7=

9+10-8=

2+12-3=

16-1+4=

5+11-3=

4+14-2=

18-4-4=

15-4+5=

16-8+4=

19-7+6=

基础篇

16+2-7=

18-6+2=

19-8+5=

18-6+1=

7+10-8=

5+13-4=

16+4-10=

14-3-9=

15-7+4=

18-5-3=

15-5+7=

8+10-6=

15-6+4=

8+6+3=

10-8+12=

18-1-7=

12-9+5=

12+5-4=

13-5+8=

17-8+5=

9+4-7=

12-4+3=

15-2+4=

6+12-3=

16-8+7=

4+14-8=

15-9+4=

16-5-3=

12+3-3=

5+15-10=

16-10-2=

11-5-6=

15-3+2=

12-3-5=

7+12-7=

13+0-8=

12+2-3=

17-5-3=

13-7+6=

基础篇

8+11-6=

19-5-4=

3+12-2=

10+4-4=

18-4+5=

16-7+4=

15+5-5=

4+12-2=

13-4+5=

17-6+1=

2+10-8=

12+3-4=

6+14-10=

15-5-8=

10-8+4=

9+4-2=

18+1-13=

12+3-5=

14-6+1=

18-15+3=

11+2-9=

14+3-11=

17-9+2=

2+5+8=

11+3+5=

12-5-7=

10-4-5=

15-7+1=

6+13+2=

5+12-7=

1+10-8=

2+12-3=

13-5+4=

10+5-7=

5+11-2=

20-10-9=

13-7+5=

18-8+9=

17-6+8=

基础篇

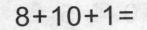

8+10+1=	19-18+5=	20-10-9=
12+5-6=	20-10-9=	15-8-7=
13-3-4=	13+7-9=	14-8+5=
19+1-8=	14-8+5=	12-6-5=
15-3+6=	12-6-5=	18-6-4=
18+1-9=	8-3+12=	17-8-5=
14-2+3=	17-8+5=	12-7-1=
15-3-5=	16-5+4=	15+3-2=
15-7+5=	11+5-6=	17-3-7=
12-3-8=	17-2-10=	11-15+7=
3+5+8=	15-11-8=	13-8+5=
12+5-10=	14-8+5=	14+4-9=
11-10+7=	12-6+5=	15+2-10=

基础篇

练习 20-100 以内的数

21	21	21	21	21	21	21	21	21	21	21	21	21	21	21
21	21													

22	22	22	22	22	22	22	22	22	22	22	22	22	22	22
22	22													

23	23	23	23	23	23	23	23	23	23	23	23	23	23	23
23	23													

24	24	24	24	24	24	24	24	24	24	24	24	24	24	24
24	24													

| **25** | 25 | 25 | 25 | 25 | 25 | 25 | 25 | 25 | 25 | 25 | 25 | 25 | 25 | 25 | 25 |
| | 25 | 25 | | | | | | | | | | | | | |

| **26** | 26 | 26 | 26 | 26 | 26 | 26 | 26 | 26 | 26 | 26 | 26 | 26 | 26 | 26 | 26 |
| | 26 | 26 | | | | | | | | | | | | | |

| **27** | 27 | 27 | 27 | 27 | 27 | 27 | 27 | 27 | 27 | 27 | 27 | 27 | 27 | 27 | 27 |
| | 27 | 27 | | | | | | | | | | | | | |

| **28** | 28 | 28 | 28 | 28 | 28 | 28 | 28 | 28 | 28 | 28 | 28 | 28 | 28 | 28 | 28 |
| | 28 | 28 | | | | | | | | | | | | | |

| **29** | 29 | 29 | 29 | 29 | 29 | 29 | 29 | 29 | 29 | 29 | 29 | 29 | 29 | 29 | 29 |
| | 29 | 29 | | | | | | | | | | | | | |

基础篇

30	30	30	30	30	30	30	30	30	30	30	30	30	30	30
	30	30												
31	31	31	31	31	31	31	31	31	31	31	31	31	31	31
	31	31												
32	32	32	32	32	32	32	32	32	32	32	32	32	32	32
	32	32												
33	33	33	33	33	33	33	33	33	33	33	33	33	33	33
	33	33												
34	34	34	34	34	34	34	34	34	34	34	34	34	34	34
	34	34												

基础篇

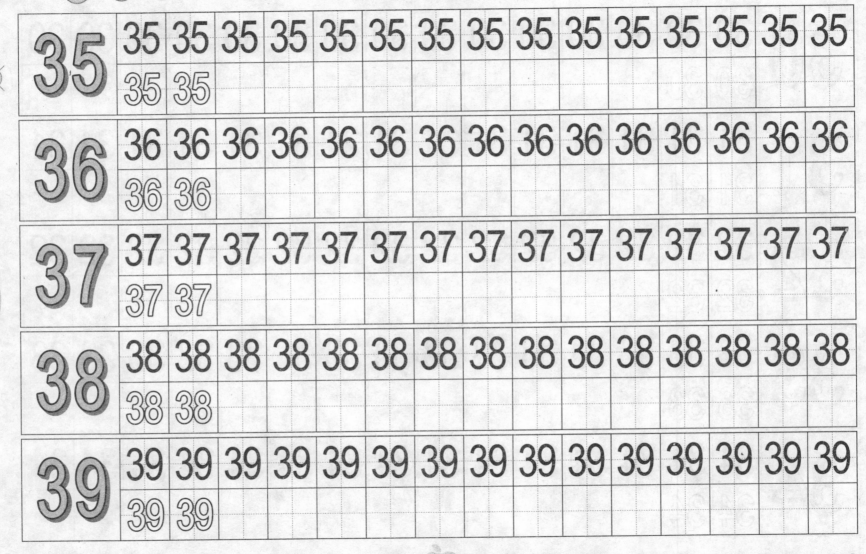

35	35	35	35	35	35	35	35	35	35	35	35	35	35	35	35
	35	35													
36	36	36	36	36	36	36	36	36	36	36	36	36	36	36	36
	36	36													
37	37	37	37	37	37	37	37	37	37	37	37	37	37	37	37
	37	37													
38	38	38	38	38	38	38	38	38	38	38	38	38	38	38	38
	38	38													
39	39	39	39	39	39	39	39	39	39	39	39	39	39	39	39
	39	39													

基础篇

学前学算术

40	40	40	40	40	40	40	40	40	40	40	40	40	40	40
	40	40												

41	41	41	41	41	41	41	41	41	41	41	41	41	41	41
	41	41												

42	42	42	42	42	42	42	42	42	42	42	42	42	42	42
	42	42												

43	43	43	43	43	43	43	43	43	43	43	43	43	43	43
	43	43												

44	44	44	44	44	44	44	44	44	44	44	44	44	44	44
	44	44												

基础篇

57

45	45	45	45	45	45	45	45	45	45	45	45	45	45	45
	45													
46	46	46	46	46	46	46	46	46	46	46	46	46	46	46
	46													
47	47	47	47	47	47	47	47	47	47	47	47	47	47	47
	47													
48	48	48	48	48	48	48	48	48	48	48	48	48	48	48
	48													
49	49	49	49	49	49	49	49	49	49	49	49	49	49	49
	49													

基础篇

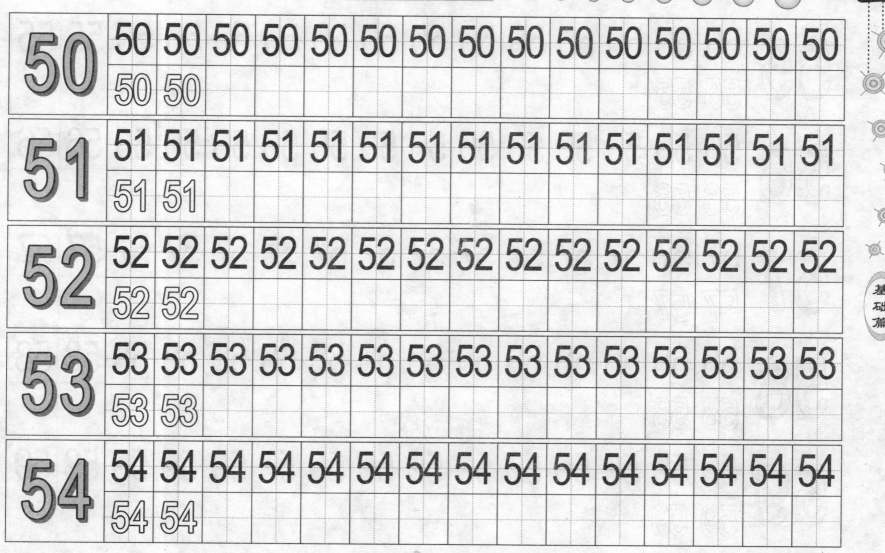

50	50	50	50	50	50	50	50	50	50	50	50	50	50	50
	50	50												
51	51	51	51	51	51	51	51	51	51	51	51	51	51	51
	51	51												
52	52	52	52	52	52	52	52	52	52	52	52	52	52	52
	52	52												
53	53	53	53	53	53	53	53	53	53	53	53	53	53	53
	53	53												
54	54	54	54	54	54	54	54	54	54	54	54	54	54	54
	54	54												

基础篇

55	55	55	55	55	55	55	55	55	55	55	55	55	55	55
	55	55												

56	56	56	56	56	56	56	56	56	56	56	56	56	56	56
	56	56												

57	57	57	57	57	57	57	57	57	57	57	57	57	57	57
	57	57												

58	58	58	58	58	58	58	58	58	58	58	58	58	58	58
	58	58												

59	59	59	59	59	59	59	59	59	59	59	59	59	59	59
	59	59												

基础篇

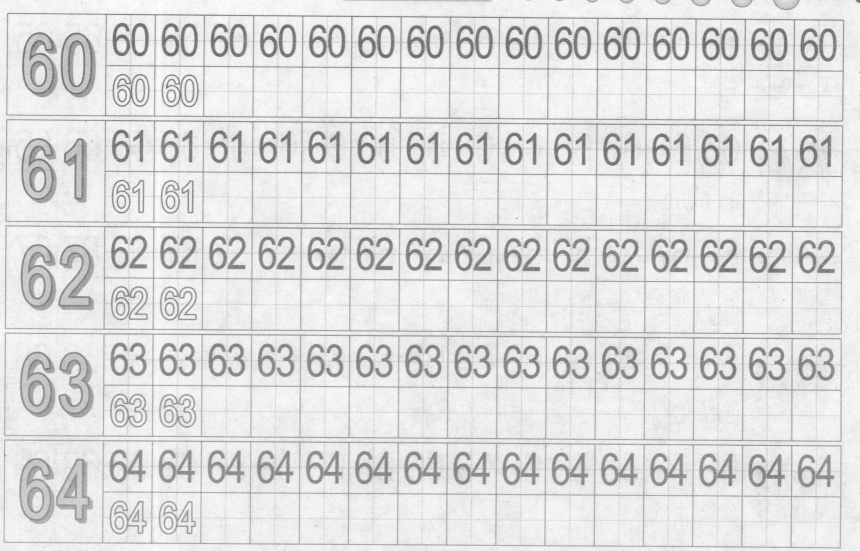

60	60	60	60	60	60	60	60	60	60	60	60	60	60	60
	60	60												

61	61	61	61	61	61	61	61	61	61	61	61	61	61	61
	61	61												

62	62	62	62	62	62	62	62	62	62	62	62	62	62	62
	62	62												

63	63	63	63	63	63	63	63	63	63	63	63	63	63	63
	63	63												

64	64	64	64	64	64	64	64	64	64	64	64	64	64	64
	64	64												

基础篇

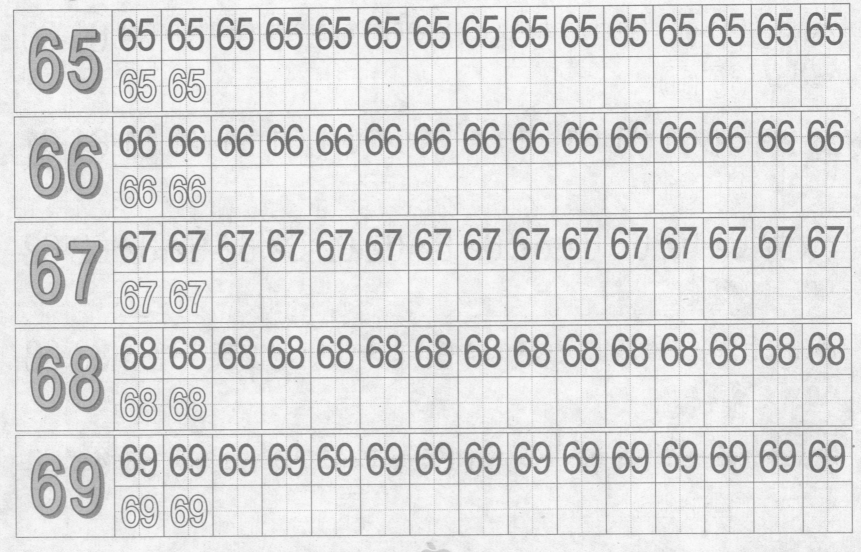

65	65	65	65	65	65	65	65	65	65	65	65	65	65	65
65	65													
66	66	66	66	66	66	66	66	66	66	66	66	66	66	66
66	66													
67	67	67	67	67	67	67	67	67	67	67	67	67	67	67
67	67													
68	68	68	68	68	68	68	68	68	68	68	68	68	68	68
68	68													
69	69	69	69	69	69	69	69	69	69	69	69	69	69	69
69	69													

基础篇

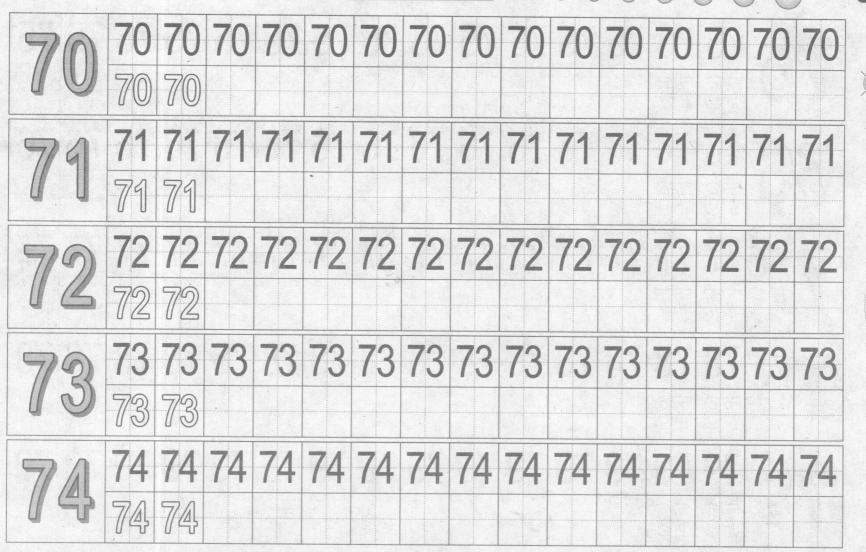

70	70	70	70	70	70	70	70	70	70	70	70	70	70	70
70	70													
71	71	71	71	71	71	71	71	71	71	71	71	71	71	71
71	71													
72	72	72	72	72	72	72	72	72	72	72	72	72	72	72
72	72													
73	73	73	73	73	73	73	73	73	73	73	73	73	73	73
73	73													
74	74	74	74	74	74	74	74	74	74	74	74	74	74	74
74	74													

基础篇

75	75	75	75	75	75	75	75	75	75	75	75	75	75	75
	75	75												

76	76	76	76	76	76	76	76	76	76	76	76	76	76	76
	76	76												

77	77	77	77	77	77	77	77	77	77	77	77	77	77	77
	77	77												

78	78	78	78	78	78	78	78	78	78	78	78	78	78	78
	78	78												

79	79	79	79	79	79	79	79	79	79	79	79	79	79	79
	79	79												

基础篇

80	80	80	80	80	80	80	80	80	80	80	80	80	80	80	80
	80	80													
81	81	81	81	81	81	81	81	81	81	81	81	81	81	81	81
	81	81													
82	82	82	82	82	82	82	82	82	82	82	82	82	82	82	82
	82	82													
83	83	83	83	83	83	83	83	83	83	83	83	83	83	83	83
	83	83													
84	84	84	84	84	84	84	84	84	84	84	84	84	84	84	84
	84	84													

基础篇

| 85 | 85 | 85 | 85 | 85 | 85 | 85 | 85 | 85 | 85 | 85 | 85 | 85 | 85 | 85 | 85 |
| 85 | 85 | | | | | | | | | | | | | | |

| 86 | 86 | 86 | 86 | 86 | 86 | 86 | 86 | 86 | 86 | 86 | 86 | 86 | 86 | 86 | 86 |
| 86 | 86 | | | | | | | | | | | | | | |

| 87 | 87 | 87 | 87 | 87 | 87 | 87 | 87 | 87 | 87 | 87 | 87 | 87 | 87 | 87 | 87 |
| 87 | 87 | | | | | | | | | | | | | | |

| 88 | 88 | 88 | 88 | 88 | 88 | 88 | 88 | 88 | 88 | 88 | 88 | 88 | 88 | 88 | 88 |
| 88 | 88 | | | | | | | | | | | | | | |

| 89 | 89 | 89 | 89 | 89 | 89 | 89 | 89 | 89 | 89 | 89 | 89 | 89 | 89 | 89 | 89 |
| 89 | 89 | | | | | | | | | | | | | | |

基础篇

90	90	90	90	90	90	90	90	90	90	90	90	90	90	90	90
	90	90													
91	91	91	91	91	91	91	91	91	91	91	91	91	91	91	91
	91	91													
92	92	92	92	92	92	92	92	92	92	92	92	92	92	92	92
	92	92													
93	93	93	93	93	93	93	93	93	93	93	93	93	93	93	93
	93	93													
94	94	94	94	94	94	94	94	94	94	94	94	94	94	94	94
	94	94													

基础篇

95	95	95	95	95	95	95	95	95	95	95	95	95	95	95	95
	95	95													

96	96	96	96	96	96	96	96	96	96	96	96	96	96	96	96
	96	96													

97	97	97	97	97	97	97	97	97	97	97	97	97	97	97	97
	97	97													

98	98	98	98	98	98	98	98	98	98	98	98	98	98	98	98
	98	98													

99	99	99	99	99	99	99	99	99	99	99	99	99	99	99	99
	99	99													

基础篇

50以内数的加减法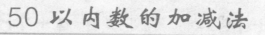

18+9=	5+27=	22+6=	5+12=
3+14=	3+25=	25+2=	5+14=
19+6=	10+10=	5+15=	14+8=
34+5=	14+11=	6+13=	17+5=
12+7=	20+20=	7+13=	8+10=
17+11=	28+19=	21+4=	6+12=
11+5=	31+14=	9+11=	7+19=
11+4=	25+21=	31+9=	8+23=
27+6=	10+16=	25+10=	5+23=
38+7=	23+25=	32+5=	10+15=
29+9=	32+14=	28+7=	25+12=

基础篇

2+12=	1+19=	4+18=	8+11=
16+2=	2+13=	2+17=	20+8=
9+11=	2+10=	2+14=	9+10=
14+15=	3+15=	3+13=	35+9=
10+15=	9+26=	27+6=	15+9=
4+14=	28+7=	19+7=	6+13=
24+22=	27+5=	15+9=	10+12=
4+16=	23+6=	24+1=	9+22=
9+11=	31+7=	23+8=	10+21=
10+15=	19+9=	22+6=	32+8=
12+12=	20+8=	15+7=	30+4=
12+10=	16+3=	12+8=	15+6=
10+14=	24+5=	32+4=	14+11=

基础篇

14+5=	17+8=	3+23=	4+22=
15+9=	39+6=	9+17=	14+8=
17+11=	9+16=	15+9=	13+7=
14+12=	12+11=	16+13=	10+12=
10+16=	11+15=	11+14=	32+17=
11+12=	25+11=	10+18=	37+12=
20+26=	10+17=	35+11=	24+25=
30+17=	14+13=	31+15=	31+18=
34+12=	27+22=	27+20=	15+31=
20+26=	35+14=	24+25=	34+12=
11+32=	29+15=	18+19=	12+14=
25+19=	27+20=	24+12=	13+15=
34+15=	29+19=	17+22=	20+16=

基础篇

基础篇

25-10=	18-6=	24-8=	26-19=
23-11=	28-9=	35-6=	25-16=
29-12=	22-8=	42-9=	21-13=
24-15=	47-3=	39-5=	20-11=
29-19=	44-2=	37-7=	19-10=
27-13=	48-8=	39-8=	36-22=
22-10=	45-5=	45-9=	31-12=
35-10=	47-4=	49-10=	32-24=
45-13=	49-7=	19-12=	36-27=
47-15=	33-10=	24-16=	44-19=
46-14=	32-15=	23-14=	49-20=
45-10=	40-13=	23-15=	48-22=
48-17=	24-11=	34-10=	40-31=

基础篇

28-8=	35-11=	35-8=	34-8=
29+7=	38-10=	39-9=	38-9=
20-13=	37-12=	30-11=	29-8=
39-14=	48-20=	34-13=	32-18=
22-13=	46-25=	39-10=	39-17=
40-21=	44-15=	35-15=	36-21=
35-13=	49-18=	36-12=	45-26=
36-10=	45-30=	38-19=	46-27=
37-13=	43-16=	47-38=	48-21=
39-19=	38-12=	49-18=	49-19=
47-13=	40-10=	43-21=	46-12=
39-18=	32-14=	44-28=	35-12=
47-29=	35-16=	42-19=	27-12=

基础篇

37-12=	32-12=	49-28=	46-35=
35-26=	35-25=	47-29=	47-29=
39-18=	33-18=	43-38=	45-28=
33-21=	31-14=	41-24=	43-18=
37-17=	45-15=	42-18=	48-29=
39-19=	47-20=	47-39=	44-36=
45-28=	42-18=	49-19=	41-18=
42-25=	48-26=	39-29=	40-27=
40-27=	47-23=	37-22=	40-27=
47-23=	49-36=	34-18=	35-15=
45-28=	43-24=	37-20=	35-18=
41-27=	42-37=	32-18=	39-32=
42-24=	38-29=	37-23=	38-20=

47-14-7=

35-15+8=

49-8-14=

42-6-25=

47-29+8=

18+21+9=

28+16+5=

5+31+12=

24+12+9=

21+18+6=

9+27+12=

27+14+9=

15+31-12=

41-7+9=

45-12-8=

45-31-6=

46-17-3=

48-21-7=

47-26-7=

45-18+7=

30+13+5=

34+15-7=

42-17-10=

48-15-17=

44-13+15=

21+26-16=

40-21-9=

44-9+11=

47-11+8=

40-6+10=

25+23-9=

46-19-15=

47-12-17=

49-10-14=

45-11-22=

27+15-14=

46-16+12=

31+12-10=

30+14-19=

基础篇

基础篇

46-5-13=

42-6-21=

45-16-5=

42-13-9=

47-8-16=

49-7-14=

46-21+7=

47-14+8=

45-10+6=

9+28+12=

48-12-15=

43-14+13=

15+29-15=

36+8-10=

42-13+5=

46-13+7=

41-12-9=

47-19+7=

38-9+14=

49-10-14=

45-14-20=

31+13-19=

12+28-17=

44-17+14=

48-26+10=

30+15-15=

9+32+6=

33+8+6=

44-12+9=

41-16+8=

48-18+7=

37-9+19=

19+22+5=

8+23+12=

41-12+5=

49-17+6=

47-18+5=

32+17-12=

46-18+15=